諷詩調詩集 · 449

통치통초초 · 5

박진환 제495시집

지성감성의 메타언어
조선문학사시인선.943

諷詩調詩集 · 449

통치통초초(痛治痛楚抄) · 5

조선문학사

■ 책머리에

1960년부터 시를 써 왔으니 금년으로써 시랍 64년이 된다. 10년이면 강산도 변한다는데 시도 64년이면 강산이 변해도 6번을 넘게 변한 셈이다. 명예가 되는 것도 아니고, 그렇다고 돈이 되는 것도 아닌 시에 64년을 매달렸으면 시를 신앙으로 삼았거나 시의 노예가 되었거나 둘 중의 하나이거나 둘 다가 아니었을까 싶어진다. 달리 말할 수 있다면 시에 미쳤거나 미친 광기로 살아왔다는 시의 삶도 곁들여 볼 수 있지 않을까 싶다.

시력 64년 첫 시집 『귀로』에서 출발한 시는 시집 『통치통초초(痛治痛楚抄)』로 498권째를 발간함으로써, 이어 추가되는 일반시집 『무위의 언어』와 『무위 읽기』 두 권을 합쳐 도합 500권을 상재함으로써 내 시적 마스터플랜을 완결한 셈이다. 시에 대한 평가는 독자의 몫이니 접어 두고 그간 퍽 부지런을 떨었던 듯싶다. 시집 500권을 옛분들의 말씀을 빌면 '한우충동(汗牛充棟)', 소달구지에 실으면 그 무게에 소가 땀을 흘릴 만하고, 쌓아 올리면 그 높이가 대들보에 닿는다 함이니 썩 많은 시집을 엮어냈음을 두고 한 말일 수도 있게 된다.

시를 양으로 따질 수는 없다. 질이 더 중요한 문학적 가치기준이 되어주기 때문이다. 500권에 수록된 시는 어림잡아 4만여 편이 넘을 것으로 본다. 그중에 몇 편이나 읽을 만한 시가 있을지는 오직 독자의 몫이다.

그간 3행시, 4행시를 비롯, '풍시조(諷詩調)'에 이르기까지 여러 실험이랄까, 새로운 시의 장르에 도전해 왔다. 그중 풍시조는 내가 창발(創發)했다고나 할까. 고 문덕수 시인은 풍시조를 박진환이 시조이자 박진환의 장르라 했고, 성찬경 시인은 '박진환의 발명'이라고 했다. 그리고 홍신선 시인은 '박진환이 창발한 장르'라고 했다.

그런 연유로 풍시조에 충실했던 것은 사실이고, 충실을 통해 수만 편의 풍시조를 쓰고, 써서 시집으로 엮었다. 그 결과 500권의 시집이 탄생하게 됐다. 앞으로 건강이 허락하는 한 더 좋은 시를 쓰기 위해 최선을 다할 것을 다짐한다.

2024년 초추
저자 씀

박진환 제495시집 / 諷詩調詩集 · 449

통치통초초 · 5

차례

책머리에 / 5

2024년 9월 15일
쳇병 / 13
다행 아닌가 / 14
차례상이 있다 / 15
다행일 수도 있지 / 16
알고 있어서 / 17
자랑이겠는가 / 18
중용일 듯싶어서 / 19
함께 / 20
길인 것을 / 21
현명일까? 무능일까? / 22
무능일 듯싶어서 / 23
무슨 상관 / 24
소이인 것을 / 25

2024년 9월 16일
사면될는지 / 26

사랑함이구나 / 27
오늘이 있는 듯해서 / 28
덕 아닐지 / 29
겸양이다 / 30
인간의 법도다 / 31
좋아해서 / 32
이를 말해줌 같아서 / 33
올려주는 것 / 34
취하겠는가 / 35
동물들도 많아서 / 36
정치 패거리들 같아서 / 37
거듭 태어날 수 없는 / 38
환생인 듯싶어서 / 39
의탁되듯이 / 40
될 듯싶어서 / 41
고정일 수 있겠는가 / 42

2024년 9월 17일
먼저 마음으로 갔다 오기로 한다 / 43
다르지 않다 / 44
혼자보다는 나은걸 / 45
역겨웠기 때문이다 / 46
소이(所以)다 / 47
허사 아닐 듯 / 48

현대 / 49
절망의 시대 / 50
소이다·1 / 51
소이다·2 / 52
이기주의의 본산지? / 53
공존할 수 없음이어서 / 54
쓰러지기 마련이어서 / 55
구두선 / 56

2024년 9월 18일
덧없음 / 57
피투된 독거의 단독자 / 58
무가 답이다 / 59
시장기일 듯싶다 / 60
들어있음이다 / 61
샘물이다 / 62
쉽다함 아니던가 / 63
그러해서 / 64
따로따로 못 면하는지 / 65
걸음마가 그러해서 / 66
신풍속이어서 / 67
거인(巨人)으로 둔갑시켰다 / 68

2024년 9월 19일

요란할 판 / 69
진단도 못해서 / 70
말해주는 것을 / 71
대면해 주고 있는 것을 / 72
미리 진맥해 봤던 듯 / 73
하늘엔 띄우고, 얼굴엔 미소 띠고 / 74
불안전 작동 / 75
몰라 / 76
면하지 않았겠나 / 77
못 돼서 / 78
감사원·검찰이었던 것을 / 79
다른 손이 쥐고 있어서 / 80

2024년 9월 20일
망죠(罔措)냐? 망죠(亡兆)냐? / 81
굴속일 뿐이어서 / 82
소이(所以)가 그래 / 83
인권위에 물어봐 / 84
오를 듯해서 / 85
그 반대 같아서 / 86
답 따로 있나 / 87
이제사 알다니 / 88
죽을 사(死)자나 아닐지 싶어서 / 89
특검법 수용 / 90

화살표 / 91

→ → 로 / 92

2024년 9월 21일

왕왕 킹킹만 해대서 / 93

복 못 들어가고 화 못 나가서 / 94

정치 삼동(三冬)이어서 / 95

생리여서 / 96

나을랑가 / 97

호랑이 무늬여서 / 98

인형감일 듯싶어서 / 99

존재 같아서 / 100

내어 던져지기도 해서 / 101

묶여있는 듯해서 / 102

잘려 나가기도 해서 / 103

다르지 않거든 / 104

그래 / 105

정치가 없음이지 / 106

어찌 하시 면하고 살길 바라겠는가 / 107

거짓말일 듯싶어서 / 108

고백이 들어있다는 뜻일 터 / 109

고통을 주는 것이 될 수도 있어서 / 110

곤관일 듯싶어서 / 111

참말일 수 있다 / 112

- **시집 평설을 대신해서_諷詩調에 대한 사계의 견해**
  三行詩의 안팎_문덕수 / 113
  知的 調律에 의한 시 意味의 密度와 結晶度_성찬경 / 122
  諷詩調의 깃발과 風向_김용직 / 128
  박진환의 3행 '諷詩調'에 대하여_최원규 / 131
  풍시조 읽기_문효치 / 136
  諷詩調에 나타난 형이상시법의 수사법_최규철 / 140

2024년 9월 15일

쳇병

잡혀갈 일도, 끌려갈 일도 없었으니 죄는 면하고 산 셈인가
범죄자는 면했지만 마음에 지닌 채 사면되지 못한
양심이 앓고 있는 병 있제, 암 있고말고 암 말고 쳇병

다행 아닌가

거꾸로 살아온 삶은 명절 연휴 때도 예외가 아니다, 밀린 일들을
처리하고, 해야할 일들을 준비하기 위해 고스란히 연휴를
투자해야 하기 때문, 투자할 일 자산으로 지녔으니 다행 아닌가

차례상이 있다

독거가 맞는 연휴는 쓸쓸하다, 다만 할 일 있어 일 끝내고 갖는 자투리 시간이 환기시키는 쓸쓸함은 차라리 여유다, 쓸쓸함 속엔 독거, 고독, 그리움이 벌이는 정신적 향연의 차례상이 있다

다행일 수도 있지

차례상을 앞에 하고 조상에 대한 음덕도 기리고, 간 아내에 대한 그리움도 한 잔 술로 즐기고, 고독이란 독주도 마시니, 어찌 불행하다고만 하겠는가; 다행일 수도 있지

알고 있어서

행·불행은 따져 뭘 하겠는가, 주어진 대로 그날그날
무탈하면 그것이 곧 안분지족의 행복인 것을, 달리
무망지복 바란 바 없고 있단들 내 몫이 아님을 알고 있어서

자랑이겠는가

지인, 제자들로부터 분에 넘치는 추석 선물을 받았다 선물마다 고마웠지만 베푼 덕 없었으니 기쁨보다 부끄러움이 솔직한 고백이다, 해준 것 없이 받는 선물이 어찌 자랑이겠는가

중용일 듯싶어서

자랑할것도 감출것도 없으니 내세울것도 부끄러움도 없음이다, 중용으로 기둥삼았으니 행·불행에치우침도없었음이다, 욕심껏이루고자 발버둥친 일 없고 분수껏 욕심 이루고 살았으니 중용일 듯싶어서

함께

중용, 오래 살기를 바라면 중용의 길을 밟으라 했던가
절장보단이라 했던가, 중용을 두고 한 말이니 새겨볼만
영국 경구에 '가장 안전하게 가려면 가운데 길을 택해라'와 함께

※ 절장보단(絶長補短) : 긴 것을 끊어다 짧은 것에 보탠다 함이니 중용지도를
두고 한 말

길인 것을

길은 가까운데 있다, 그런데도 그것을 먼데서 구한다 했네
강구도 고재도 구규도 다 길이네만 가야할 길이 있고 가서는
안 되는 길이 있어서, 그 지혜가 곧 길인 것을

※ 강구(康衢) : 번화한 네거리, 고재(高哉) : 높고 험한 산길, 구규(九逵) :
도시의 큰 길.

현명일까? 무능일까?

명절 때면 늘 스스로를 뒤돌아보는 성찰의 시간과 마주한다 성찰이란게 지난일의 선악, 시비를 반성해 살핌 아니던가, 선도 악도 행함 없었고, 시비 또한 분수밖의 것이었으니 현명일까? 무능일까?

무능일 듯싶어서

남이 나의 재능을 알아주지 않는 것을 근심하지 말고, 자신의 무능을 근심하라는 논어의 말이다. '알아주지 않는 것을 근심할 정도로 스스로의 무능을 근심하면 현명인데 무능일 듯싶어서

무슨 상관

돈을 무능자의 힘이라 했던데, 구식일 듯싶어서, 돈이 무능자의 힘이 아니라 유능자를 더 유능하게 하는 힘이 신식 해석, 무능자의 힘이 돈이라 하더라도 돈이 있어야 돈 없으면 유능·무능이 무슨 상관

소이인 것을

돈만 있어 봐, 유능·무능 따질 것도 없어, 유능은 더 유능
무능은 더 무능이게 해서, 돈이면 뭐든지 다 할 수 있는 힘이
돈, 돈이 물신시대의 신앙인 소이인 것을

2024년 9월 16일

사면될는지

돌아보면 고마웠던 분들, 미안했던 분들이 많다, 삶에 쫓겨 돌아보지
못했던 분들, 고마움 못 갚고 미안함도 못 푼 채 늙어버렸구나
고마움·미안함 못 갚고 못 푼 늙음, 늙음으로 사면될는지

사랑함이구나

두동치활 못 면한 왕 늙은 것이 마음에는 옛도 지녀
효·불효 뉘우치고, 고마움·미안함 감사로 여길 줄 안다니
아직도 나를 사랑함이구나, 사랑이 인연했던 것도 사랑함이구나

오늘이 있는 듯해서

살아오면서 덕 베풀지 못했고, 덕 입지도 못했으니 복과는
거리가 멀었고, 선·악은 구분할 줄 알았던지 선한 일
못했지만 악한 일 또한 삼갔으니, 그 덕에 오늘이 있는 듯해서

덕 아닐지

가신 분들 그리며 음덕으로 알고, 살아있는 분들 멀리 하지도
가까이 하지도 않았으니 기둥 삼은 중용지도 걸었던 듯싶고
그 덕에 넘어지지 않고 바로 걷고 있으니 그 또한 덕 아닐지

겸양이다

수덕무자라했던가, 덕은 하늘에 의해 주어진 것이 아닌 심고, 가꾸고 끊임없이 반성케 해야 한다 함이니, 그 토양은 절제·침묵·규율 결단·검약·근면·성실·공정·중용·겸양이다

인간의 법도다

처음엔 어렵고 험하지만 올라감에 따라 그 어려움을 더는 것이
산의 자연이라 했데, 덕도, 덕행도 등정과 다르지 않음이니
처음엔 어려우나 나아감에 따라 쉬워짐이 산·자연·인간의 법도다

좋아해서

은총과 명리의 마당에는 남 앞에 서지 말고 덕행과 사업의 자리에는 남의 뒤에 떨어지지 말라는 채근담의 경구 새겨볼만, 헌데 요샛것들 은총·명리에 남 먼저 나서고, 덕행과 사업에는 등뒤를 좋아해서

이를 말해줌 같아서

연휴, 일상을 털고 여유·한가 벗하면 내어(內語)처럼 떠올리는 말
덕불고필유린(德不孤必有隣), 한가 틈틈이 전해오는 안부며
정으로 보내온 크고 작은 선물들이 이를 말해줌 같아서

올려주는 것

아버지의덕행은 최상의 유산이라 했던가? 어머니의덕행은 내 불효를 일깨워 효를 일러 주신 일, 아내의 유산은 그리움의 미학을 정서 아닌 한 차원 높은 성숙·성찰의 위상으로 올려주는 것

취하겠는가

연휴의 틈틈이 떠올리는 잡사(雜思)가 많다, 천려일득이라 했던가 생각한다는 것은 자기자신과 친해지는 것이라 했던가, 스스로와 친해지지 않고 어찌, 좋은 생각인들 떠올릴 수 있어 취하겠는가

※ 천려일득(千慮一得) : 어리석은 사람도 많은 생각 가운데 한 가지쯤은 좋은 생각에 미칠 수 있다는 뜻

동물들도 많아서

인간은 생각하기 위해 태어났다 했던가, 해서 하루종일 생각하는
자체가 사람이라 했던가, 인간은 생각할 줄 아는 동물
동물 같은 생각만 하지 않는다면 인간인데, 동물들도 많아서

정치 패거리들 같아서

생물학적으로 고찰하면 인간은 가장 무서운 맹수이며, 그것도 같은 종족을 조직적으로 잡아먹는 유일한 맹수라 했던데 '조직적으로 잡아먹는 맹수가 국민을 잡아먹는 정치 패거리들 같아서

거듭 태어날 수 없는

야수산금이라했던가, 산에서사는 들짐승과산새들을이름인데 산이면 높을수록 청정지역, 허니 야수산금이 때 묻지 않은 인간의 혼들이나 아닐지 싶어서, 콘크리트 숲에서 사는 짐승들은 거듭 태어날 수 없는

환생인 듯싶어서

환생이란 게 모습을 바꾸어 다른 모습으로 태어남 아니던가, 해서 생각되는꽃이나 천사같은 아름다운묵시적이미지는 선의환생 늑대나 사자·뱀이나 악어 같은 악마적 이미지는 악덕의 환생인 듯싶어서

의탁되듯이

만물은 변하지 않으면 안 된다, 보다 새로운 것으로, 달라진 것으로
해서 달라진 새로움으로 태어나기 위해서는 변형이 필수
시가 새로운 창조이기 위해 변용·변형에 의탁되듯이

될 듯싶어서

인생이란 머무는 일이 없는 변화다 했던데
만세불역이라고도 하고, 시이사왕이라고도 해서, 보고, 느끼고
생각하는 바에 따라 여세추이도 될 듯싶어서

※ 만세불역(萬世不易) : 오래 변치 않음을 일컫는 말.
※ 시이사왕(時移事往) : 세월이 흐르고 사물이 변함.
※ 여세추이(與世推移) : 세상의 변함을 따라 함께 변함을 이르는 말.

고정일 수 있겠는가

이리 세상 읽기를 견주어 빗대어 보니 늙긴 늙은 모양이다, 늙어 마음이 흔들림이기보다 세상이치 좇음에 눈이뜨인듯, 세상 변하는데 인간이 어찌 불변일 수 있으며 유동의 시대에 고정일 수 있겠는가

2024년 9월 17일

먼저 마음으로 갔다 오기로 한다

음 8월 15일 추석날이다. 오곡·백과의 풍요를 맞아 조상을 기리는 명절이다. 선영은 고향에 있어 성묘를 못하고 간 아내는 가까이 있지만 다른 날 찾기로 했다. 마음으로 먼저 갔다 오기로 한다.

다르지 않다

방목해온 천리마 풀어 보내고, 길러오던 학도 날려 보낸다
선물은 그리움, 내가 풍요를 누리는 가장 값진 선물이다
경거보다 마음으로 빚어 보냄이니 차례상 같이함과 다르지 않다

※ 경거(瓊琚) : 옥으로 만든 패물로 훌륭한 선물이란 뜻의 시경(詩經)의 말

혼자보다는 나은걸

서울에 있는 가족으론 딸, 아들뿐이다, 다 외국에 있기 때문
딸네 집에서 점심으로 추석 모임을 갖기로 했으나 모이는 사람이
참석 못한 수보다 더 적으니 어쩌겠나 혼자보다는 나은걸

역겨웠기 때문이다

'추석을 포식의 날'이라 했던가, 풍요를 맞음 때문
헌데 팔일을 굶다 간 아내 생각을 하면 포식이 역겹다
굶는 아내 곁에서 먹어야 했던 내 건위가 역겨웠기 때문이다

소이(所以)다

굶어 죽은 아내, 살기 위해 먹어야 했던 남편
함께 죽지 못해 떠나고 보낼 수밖에 없었던 사별
살아있음이 형벌인 소이이고 고분지통으로 살아야 하는 소이다

허사 아닐 듯

난세는 모든 것을 참혹하게 한다, 조부모보다 나쁜 양친의 시대가 양친보다 못한 우리를 낳고, 우리들은 우리보다 더 형편없는 애들을 낳는다, 대를 거듭할수록 이리 되면 종말이란 말 허사 아닐 듯

현대

희망보다 절망이 더 많은 현대, 정신보다 물질적 가치가
지배해버린 물신주의가 그러하고, 과학이 만든 핵으로 파괴될
종말론이 그러하고, 육덕(六德)이 육덕(肉德)이 돼버린 현대

절망의 시대

현대의 대표적표정을 mommn(돈의 신), mass(대중사회), machine (기계)라 했던데, 돈의 신은 물신사상을, 대중사회는 새로운 야만인들 시대를, 기계는 인간폐문화를, 해서 절망의 시대

소이다 · 1

기계를 강철로 만들어진 새로운 신이라 했던가, 그 신이 돌리는
벨트에 의해 인간은 매일을 조금씩 마멸되어가고 있다
인간은 기계를 만들고 만든 기계에 의해 인간이 희생되는 소이다

소이다 · 2

자기를 희생한 만큼 행복한 일은 없다, 왕구식이다
신식으로 스스로를 출세시킨 것만큼 더 큰 행복은 없다
이기와 이타, 전자가 현대의 주어, 후자가 구식의 구호인 소이다

이기주의의 본산지?

행복은 인간을 이기주의자로 만든다던가, 부자와 높은 지위에 있는 관리치고 에고이스트 아닌 자가 없다던가, 이기주의는 유일의 참된 무신론이라던가, 허면 행복, 부와 지위, 무신론이 이기주의의 본산지?

공존할 수 없음이어서

이기주의의 반대가 이타주의아니던가, 행복·부·고위직·무신론이
이기주의면 불행·가난·하층계급·유신론이 이타주의 본산지인 셈
이리 산지가 다르고 품종이 다르니 공존할 수 없음이어서

쓰러지기 마련이어서

토양이 다르니 공존할 수도 없음 아니던가, 이기주의가 실리주의면
이타주의는 정신주의, 물신시대에 정신 기둥 삼고 기둥 삼아
앞세우면 동퇴서비, 서까래가 없으면 쓰러지기 마련이어서

※ 동퇴서비(東頹西圮) : 이리저리 쏠리는 허술한 집이란 뜻

구두선

이기주의는 고대광실, 이타주의는 일지소로 차원 달리해, 차원 다르면 삶의 질도, 살아가는 방법도 달리해, 가져야 나눠주기도 가진 것 없으면 이타란 게 베풀 수 없음이니 구두선

※ 일지소(一枝巢) : 나뭇가지 하나로 지은 집이라 함이니 작고 초라한 집.
　　※ 구두선(口頭禪) : 실행이 따르지 않는 헛된 말

2024년 9월 18일

덧없음

그 무엇으로도 메울 수 없는 허전기면 무엇으로도 채울 수 없는
공허함 아니던가, 공허는 허무와 동의어, 인생에 빗대이면
조로인생 아니던가, 무·무상, 니힐과도 동의어인 덧없음

※ 조로인생(朝露人生) : 인생의 덧없고 허무함.

피투된 독거의 단독자

덧없음이란 자취 없음, 속절없음, 불확실성과 같은 허무의식
아무것도 없고, 비어 있고, 노자에 의하면 허무, 칸트에 의하면
공허, 니체에 의하면 무, 내 체험에 의하면 피투된 독거의 단독자

무가 답이다

무란 무엇인가? 아무것도 없는데 답인들 있겠는가
답이란 있는 게 아니라 없었던 것을 만들었던 것이고
만들었으니 본디는 존재하지 않는 것이니 무가 답이다

시장기일 듯싶다

단독자, 고독, 쓸쓸함, 외로움이 명절 선물이란 걸 뒤늦게
깨달았다, 보너스로 그리움도 들어 있다
가슴의 풍요가 틀림없는데 정신적으론 시장기일 듯싶다

들어있음이다

풍요 속엔 궁핍이 있다, 가슴의 풍요가 그리움이라면, 마음의 고독 외로움은 궁핍이다, 그리움은 외로움을 달래주고 외로움은 그리움으로 풀어준다, 풍요 속엔 궁핍이, 궁핍 속엔 풍요가 들어있음이다

샘물이다

풍요가 절대 선은 아니다, 부족한 듯한 결핍을 여백으로
남겨두고 풍요로 채우고자 한 여백, 여백은 자투리가 아니라
풍요를 경작하기 위한 마를 줄 모르는 샘물이다

쉽다함 아니던가

장수선무다전선[*] 이라 했던가, 소매가 긴옷을 입으면 춤추기가 좋고
많은자본금을 가지고있으면 장사하기가좋다 함이니 무슨일이고간에
좋고많은 자본금을 가지고 있으면 목적한바 실현이 쉽다함 아니던가

※ 장수선무다전선(長袖善舞多錢善) : 한비자(韓非子)의 말

그러해서

풍속은 법률보다 강하다 했던가, 풍속이란 게 옛적부터 내려오는
생활의 습관 아니던가, 해서 습관을 제2의 천성이라 안 했던가
칼과 도끼로 굽힐 수 없는 것을 굽혔다 폈다 하는 풍속이 그러해서

따로따로 못 면하는지

추석이면 햅쌀, 햇과일로 조상의 음덕 기리는 차례상 차리기는
예부터 내려오는 풍속, 해서 온 나라가 한맘 한뜻으로 함께 즐겼던
것을 어쩌다 남북, 여야로 갈리어 함께 아닌 따로따로 못 면하는지

걸음마가 그러해서

따로따로가 떠올리는 따로따로따따로, 따로따로따따로가
어린애가 일어서려고 할때 부추긴 손을 놓으며 홀로 서길 돕던 소리
어쩐다 한반도, 따로따로따따로로 통일 걸음마가 그러해서

신풍속이어서

한가위 맞아 남북, 추석 선물은 서로 못 나눠도 거지같은 삐라, 쓰레기 풍선은 날리지 말았어야, 뿐이면 좋게, 선물 아닌 핵까지 주고받을 처지라니, 어쩌다 견원지간이 신풍속이어서

거인(巨人)으로 둔갑시켰다

연휴 덕에 한가 벗했더니 색거한처라고 님과 사별한
쓸쓸함이 한처 아닌 상처의 고분지통을 안겨줬다
그리움·외로움이 한가를 갉아먹고 나를 거인으로 둔갑시켰다

※ 색거한처(索居閑處) : 한가한 곳에 벗과 떨어져 쓸쓸히 지냄.

2024년 9월 19일

요란할 판

추석 연휴 쉬면서 재충전 했으니 싸움판으로 뛰어들어야 여·야 하는 꼴 봐, 연휴 끝나자마자 기다렸다는 듯이, 지역화폐법 쌍특검으로 격돌, 국민의힘 필리버스터, 충전했으니 요란할 판

진단도 못해서

응급실 뺑뺑이 사례 줄을 이었는데 정부는 연휴기간 중의 의료공백 없었다고? 환자들은 응급실 이용거부, 진료거부에 부글부글인데 정부만 미지뜨근, 끓다 말다 흐지부지, 줄이은 뺑뺑이 진단도 못해서

말해주는 것을

집권여당 국민의힘이 진단한 추석민심, '의·정 갈등 왜 못 푸나?'
강성지지층마저 '무능에 실망', '김여사 활동 자제' 곳곳서 정부 여당
성토 말로 할 거 뭐 있어 '지지율 20%가 웅변으로 말해주는 것을

대면해 주고 있는 것을

야권 진단한 추석 민심은 '의료대란에 분노', '심리적 시장 초입'
'대구·경북도 지지기반 무너지는 상황', 등등, 말해 뭘해
20% 역대 최저 지지율이 대변해 주고 있는 것을

미리 진맥해 봤던 듯

윤대통령이 찾은 병원이 어린이병원이었다데
어른 병원은 가지 못한 것일까? 가 봤자 반응 보나마나
명의 빰치는 행보, 지지율 20% 미리 진맥해 봤던 듯

하늘엔 띄우고, 얼굴엔 미소 띠고

북 무슨 신명난 일 그리 많아 미사일 발사에 쓰레기 풍선 날리기에 쌍칼춤 추는지? 신들린무당 도끼날위에서 춤추듯, 한 손엔 칼, 또 한 손엔 도끼든 손 비웃기라도 하듯 하늘엔 띄우고, 얼굴엔 미소 띠고

불안전 작동

'응급의료 안전망은 작동하고 있는가 물었던데 답은 둘
윤정부, 여당 : 그렇다
야당은 불안전 작동

몰라

'있고도 없는 희망' 했던데, 있고도 없으면 절망
없고도 있으면 희망
정답은 몰라

면하지 않았겠나

격노 대신 미안하다 했던들 결과는 어떠했을까? 아마도 지지율 30%대는 유지 했지 않았겠나, '미안하다' 한마디면 20%란 부끄러운 지지율은 면하지 않았겠나

못 돼서

추석 연휴 중 '응급실 뺑뺑이'로 얼룩졌는데 정부는 '고비 넘겼다'고 그리 초진 수준이니 정치진단인들 제대로였겠나, 제대로였던들 지지율20%였겠나, 하이고(下而高)는커녕 하이하(下以下)도 못돼서

감사원·검찰이었던 것을

김여사 앞에서 맥못추는 감사원, 검찰을 '반대한민국 세력' 했데
나라님 말씀마다 '반대한민국 세력' 하길래 공산세력인 줄
알았더니, 무식한 소치였어, 감사원·검찰이었던 것을

다른 손이 쥐고 있어서

'북한 우라늄 농축시설 공개' 두고 '대북정책 새판 짜기' 했던데
미국도 어쩌지 못한 북핵 대책을 무슨 수 있어 '새판 짜
짜 봤자 yes, no, 선택권은 다른 손이 쥐고 있어서

2024년 9월 20일

망죠(罔措)냐? 망조(亡兆)냐?

꼬인다 꼬여, 되풀이 되풀이다, 악의 고리 풀릴 기미 없고, 되풀이면 그 끝은 망조, 뭐냐고? 김건희 특검법 국회 본회의 통과여 거부권 주문, 대통령 거부권 행사면 망죠(罔措)냐? 망조(亡兆)냐?

굴속일 뿐이어서

문제는 둘 다일 듯싶어서, 둘 다 싫어 거꾸로 돌려버렸더니
조망(眺望)이란 게 먼 곳을 내다봄인데 정치현실 터널 끝
보이지 않고, 보이느니 캄캄한 굴속일 뿐이어서

소이(所以)가 그래

 남북 비핵화 협의하고 군사행동 자제키로 한 9.19 남북합의 '휴지조각' 됐다데, 소이는 힘과 힘의 대결인 이석격석 때문, 남북이 날려 보내고 보내오는 풍선 속에 휴지만 들어 있는 소이가 그래

인권위에 물어봐

국가인권위, 왜 있어야 하나? 했던데, 국민의 권익을 위해서, 헌데 권익을 위해 싸우다 복당살이 못 면한 인권 피해자가 점점 늘어가고 있어 복당은 만원이라데, 복당이 어디냐고? 인권위에 물어봐

※ 복당(福堂) : 감옥소의 이칭.

오를 듯해서

민심 부응, 김건희·채상병 특검법, '윤대통령 거부 말아야' 했던데
거부권 행사하느냐? 마느냐? 충분히 고민해볼만 한 듯
소이는 거부하면 지지율 10%대, 수용하면 40%대로 오를 듯해서

그 반대 같아서

미 고금리는 막 내렸는데 한국은 집값 가계빚은 고공행진
이를 두고 복합위기 했던데 해법은? 없어냐? 모르냐?
매사 미국 따라하면 해결책 나왔는데 이번은 그 반대 같아서

답 따로 있나

이스라엘의 삐삐, 무전기 테러 두고 비인도적이라며 규탄한다 했데
뉴욕타임즈 정보당국자가 이스라엘 소행으로 보는바 대로라면
천인공노할 반인륜적, 비인도적 전쟁광기지, 규탄 말고 답 따로 있나

이제사 알다니

누구든 '치빠'만 잘하면 됩니까 했기에 '치빠'가 뭔가 했더니
'치고 빠지는 적당히 즐기다 꽁무니를 빼는 짓을 두고 한 말이었어
젠체하는 챗병장이들 전매특허품인 '치빠'를 이제사 알다니

죽을 시(死)자나 아닐지 싶어서

'검사·의사 그리고 여사'가 현대판 주어, 술어는 칼·응급실·특검
어쩌다 행복·평화·사랑 같은 높은 차원의 주어들은 살아날 기미
없고, 사자돌림의 사자가 죽을 시(死)나 아닐지 싶어서

특검법 수용

지지율 20% 발등의 불 되자 한동훈 등 여권 지도층 초청 만찬
만찬에 곁들일 한잔 술 소방수 역할해 발등의 불 끌까? 더 좋은
처방전 야권이 소방호수로 제공했던데 뭐냐고? 특검법 수용

화살표

yes냐? no냐?에 따라 운명의 순간 절망이냐? 희망이냐?로
갈릴 듯, 주어진 권한 한번 접으면 ↑, 두 번 접으면 ↑↑
↑이 뭐냐고? 지지율 상승 그래프 표시 화살표

→ → 로

↑란 게 있으면 내리기도 하는법 ↓↓, 궁도에 명중하면
예를 갖춤이 옛 법도, ↑명중해 옛 법도대로
예에 값함이 어떨지? ↑↓↓ 말고 → → 로

2024년 9월 21일

왕왕 킹킹만 해대서

어제 내린 비로 열옥의 열독 씻겨 나갔는지 간밤은 서늘기 피해 여름내 열렸던 문들 닫았다; 더우면 열고 추우면 닫는 문의 개폐기능 정치권은 왜 그걸 몰라 개폐기능을 개패듯이 왕왕 킹킹만 해대서

복 못 들어가고 화 못 나가서

더우면 열고, 추우면 닫는 것이 문, 문이란 세계를 두 쪽으로 자르는 칼과 같다했던가, 여닫기에 따라 복 들어오고 화 나가기도 하는 것을 어느 집 문은 닫고는 열 줄 모르니 복 못 들어가고 화 못 나가서

정치 삼동(三冬)이어서

어느 집 문이 그러냐고? 그런 집 있어, 사방이 문인데
열린 문은 하나, 그 하나마저도 수상한 계절에 닫힌 채
열릴 줄 모르데, 허긴 계절이 냉기류 못 면한 정치 삼동이어서

생리여서

견고하게 꽁꽁 얼어붙을수록 깨지지 않는 안전지대
민초들은 봄맞이로 꽃피우는 대춘(待春) 대춘 해쌌는데
정작 냉기류 좋아하는 정치권은 엄동·맹동·삼동이 생리여서

나을랑가

'힘에 의한 통일'이면 전쟁으로 꿈꾸는 통일 아니던가
평화통일과는 반대개념이지만 둘 다 꿈꾸는 통일이어서
희망을 '눈을 뜨고 꾸는 꿈' 했던데 '눈 뜨고 아웅'보다는 나을랑가

호랑이 무늬여서

'눈 감고 아옹'이면 고양이 연상, 고양이 연상하면 환기되는 긴장으로 폈다 오므렸다 하는 발톱, 눈 감으면 아프리카 초원을 누비는 사자를 꿈꾸다가 눈 뜨면 아옹, 얼룩만 호랑이 무늬여서

인형감일 듯싶어서

고양이를 일이 잘 되지 않을 때 발길로 걷어치우기 위해 자연이
우리에게 준 부드럽고 절대로 깨뜨려질 염려가없는 자동인형 했던데
고양이 형상한 한반도 G2의 발길질 인형감일 듯싶어서

존재 같아서

인간을 타인의 끄나풀에 조종되는 인형같이 움직인다 했던데
요즘 세상 보면 나라란 것도 이와 흡사할 듯싶데
힘없는 나라들 힘 있는 나라들의 인형 같은 존재 같아서

내어 던져지기도 해서

인간은 내어 던져진 피투존재라 했던데, 인간뿐이랴 인간을 구성원으로 한 국가도 그러할 듯싶어서, 힘없는 국가들 힘 있는 나라들에 의해 잡아주기도 하고 내어 던져지기도 해서

묶여있는 듯해서

인연의 끈, 연대의 끈, 우호의 끈, 동맹의 끈 놓치지 않으려고 필사적으로매달리는 필연이고자한발버둥, 각국도생이란것도 따지고 보면 내어 던져지지 않으려고 끈에 매달리거나 묶여있는 듯해서

잘려 나가기도 해서

동아줄이란 게 무엇인가를 묶어두는 굵고 튼튼한 줄 아니던가
묶기도 하지만 묶이기도 하는 줄, 아무리 줄이 견고해도
사용자지편, 필요에 따라서는 도끼날에 잘려 나가기도 해서

※ 사용자지편(使用者之便) : 이용하는 자의 용도에 따라 쓰인다는 뜻

다르지 않거든

도끼, 옛날엔 숲이 벌벌 떨던 흉기가 아니었던가
찍었다 하면 수령 수백 년에도 찍혀 넘어지는
지금도 그래 부처(斧治)시대의 도끼가 그와 다르지 않거든

그래

도끼로 풀은 벨 수가 없다, 해서 한 손엔 도끼, 또 한 손엔
칼을 들고 있다, 꺾이지 않는 민초는 칼로, 무너지지 않는
거목은 도끼로 쓰러뜨리기 위해, 도치부차(刀治斧治)가 그래

정치가 없음이지

정치는 뭘로 하는가? 덕으로, 도로, 법으로, 정답, 힘으로, 기술로
속임수로도 정답, 칼로 도끼로도 정답, 이래도 정답, 저래도 정답
이면 정답이 없음이고, 정답이 없음은 정치가 없음이지

어찌 하시 면하고 살길 바라겠는가

정답이 없는 정치면 도치·덕치는 못 됨이고, 도치·부치 통치는 됨이다, 전자가 상치라면 후자는 하치, 지금은 하치시대 허니 어찌 하시(下視) 면하고 살길 바라겠는가

거짓말일 듯싶어서

본의 아니게 거짓말을 해놓고 밤새 괴로워했다
가장 혐오스런 거짓말은 가장 진실에 가까운 허언이라 했던가
음미해볼만, 참말이기를 희망함이 거짓말일 듯싶어서

고백이 들어있다는 뜻일 듯

주작부언이라 했던가, 터무니없는 말을 지어낸다는 말이니 거짓말을 한 옛분들 말씀이다, 사람은 입으로 거짓말을 하지만 그 주둥이가 진실을 고백한다했던데 거짓말속에 진실의고백이 들어있다는뜻일듯

고통을 주는 것이 될 수도 있어서

거짓말의 목표는 단순히 기쁘게하는 것이며 기쁨을주는 것이라고?
그것은 거짓말의 목표나 수단이고 진실을 말하고 싶었던 쪽에서는
아픔 중의 아픔이 되는 말이 거짓말이어서 고통을 주는 것이 될수도

곤관일 듯싶어서

거짓말을 달리 허위라 하고 허위의 반대를 진실이라고 하지
유식하겐 곤관, 인생의 의의는 거짓을 미워하며 진실을 사랑한데
있다던데 사랑의 진실을 허위로 진술한 것도 곤관일 듯싶어서

※ 곤관(悃款) : 허식이 없고 진실함.

참말일 수 있다

진실은 최고의 것이다, 최고의 것은 진실이다, 사랑도 진실일때 최고 그 최고에의 열망을 반대로 진술했다고 해서 사랑이나 진실이 아닐 수는 없다, 미움도 사랑이듯이 거짓말도 사랑을 위한 참말일 수 있다

■ 시집 평설을 대신해서_諷詩調에 대한 사계의 견해

三行詩의 안팎

문덕수(전 예술원 회원)

1.

박진환의 三行詩Ⅷ 『諷詩調』를 읽고 느낀 바가 많지만 다 말할 수는 없을 것 같다. '諷時調'라고 하지 않고 '諷詩調'라고 한 것은 '시조(時調)와는 다른 장르임을 말하는 것이 분명하고, '풍조시(諷調詩)'가 아니라 '풍시조(諷詩調)'라고 한 것은 이와 유사한 다른 장르명의 어순을 따를 필요가 없음을 암시한 것 같다. 어쨌든 '풍시조(諷詩調)'는 다른 누구의 것도 아닌, 바로 박진환의 장르다. 그가 풍시조의 시조요, 창업자다.

'풍시조(諷詩調)'의 '풍(諷)'은 '풍자(諷刺, satire)'일까. '풍유(諷喩, allegory)'일까(諷諫, 기자(譏刺)라는 말도 있다). 풍(諷)은 '言十風(음)'으로 된 글자인데, 떨리는 소리로 낭독하는 것을 풍송(諷誦)이라고 하고, 바람이 나뭇가지나 이파리를 흔들듯이 사람의 마음을 움직이는 것을 '풍(諷)'이라고 한다. '풍자'는 후자에 해당한다. 그러나 이러니저러니 따질 필요는 없다. '시 작품' 자체가 시론이기 때문이다. '풍시조'의 정체는 박진환의 작품에 있다고 하겠다.

113

>   달콤한 오수 깨며 띠리링 울리는 벨소리 속 목소리
>   기막힌 부동산 정보 전해 드리려고요
>   너나 기막히세요, 난 귀 열고 매미소리나 벗하리니
>   ─「귀 열고」

　IT매체들(휴대전화 등)을 통해 부동산 중개업자(복덕방)의 이러한 극성스러운 메시지는 시민들이 역겹도록 경험하고 있는 현실이다. 시도 때도 없는 각종 정보 발신에 시민들이 무방비 속에 시달리는 것은 정보공해라고 할 수 있다. 이 시는 요즘의 이러한 부동산 시장의 상황과 정보공해가 전제되어 있고, 이러한 상황을 어느 정도 공유하고 있는 독자에게만 공감이 절실할 것이다. 풍자건 유머건 간에, 독자의 다양한 지적 교양이 전제된다는 점에서 지성적 활동이라고 할 수 있다(박진환을 '주지시'의 계열의 중요시인으로 보는 것도 이 때문이다).

2.

　왜 3행시일까. 20행, 30행의 장시나 산문시면 안 되는가. 초·중·종장과 같은 3행이지만, 시조의 율조와는 관계가 없다. 종장 '3·5·4·4'와 같은 율조도 지킬 필요가 없다. 음보와도 관계없다. 시조의 3행과 같다는 말도 사실상 넌센스다. 그럼에도 3행시로 한 뭔가의 이유가 있지 않을까. 앞에 든 「귀열고」에서 여러 가지 장치를 전지(剪枝)하고 3단논법의 뼈대만 추려 본다.

> 남을 괴롭히는 전화는 받기 싫다(대전제)
> 요즘의 부동산 정보전화도 사람만 괴롭힌다(소전제)
> 그러므로 내게 그런 전화하지 말라(결론)

이와 같은 논리소('화소'라는 말이 있지만 '논리소'라고 해둔다)로 환원시켜 놓고 보면, 「귀열고」는 3단논법의 시상 전개임을 어느 정도는 이해할 수 있다. 상황 제시(대전제, 제1행), 권유나 권고(소전제, 제2행), 거절(결론, 제3행)로 된 3단형이나 구문면에서는 문답형이다. 3단 논법이란 2개 이상의 전제를 제시하고, 거기서 결론을 도출하는 추론형식이다. 2개든 3개든 2행으로 전제를 제시하거나 열거하고, 논리 진행의 반전, 좌절, 총합 등으로 결론을 도출하게 되면 '3단형'이 되지 않을 수 없다. 또 구문상의 '문답형'으로 본다고 하더라도 물음과 답이 각각 1행씩 합해서 2행이 되고, 물음과 대답을 성립하기 위한 전제적 상황 제시가 1행을 차지하면, 이 또한 3행 형식을 취하게 된다.

> 돈 많은 세상에 돈 없이 배고파하는 꼴이나
> 물난리에 물이 없어 목말라 하는 꼴이나
> 사람 중에 사람 없어 정치공황 부황든 꼴이나
> ─ 「꼴이나 꼴이나」

「꼴이나 꼴이나」도 3단형이긴 하나 논리의 극적 국면(반전, 좌절 등)이 약한, 즉 편평(扁平)한 3단형이다. 더 정확하게 말하면 전제만 3행으로 열거되고 결론이 없는(결론은 독자의 몫으로 남겼다.) 일종의 '나열형'이다. 틀(뼈대)을 추려보면 "풍족 속의 굶주림은 꼴불견이다(제1행), 홍수 속의 갈증은 꼴불견이다(제2행), 인재 귀한 정치 공황은 꼴불견이다(제3행)"의 3단형인데, 대전제·소전제·결론 형이 아니라 단지 전제의 3행 나열에 지나지 않고, 이러한 나열을 총합한 결론은 독자에게 맡겨져 있다. 구문상으로는 '꼴이나'가 각행의 끝말로 반복(세 번 반복)되는데 귀납형의 방식이라고 할 수 있다. 대전제를 먼저 제시하는 3단 논법형과는 다르다고 하겠다. 3단형이라고 하더라도 여러 가지 성질의 형식이 있으므로, 여기서는 변죽만 건드려본 정도로 그치겠다.

3.

다음엔 실제 작품을 조금 음미해 본다. 「귀열고」는 「夏夜」와 더불어 박진환의 풍시조 중에서 가장 재미있는 작품인 것 같다. 전형적인 작품이라고 해도 괜찮다.

'기막히다'의 활용형(기막힌, 기막히세요)은 문답의 '고리' 역할을 한다. 부동산중개업자와 시적 주체도 연결시켜준다. 그런데, 대답 부분(제3행)의 '기막히세요'라는 '고리'에는 '기막히다(어떤 일이 하도 어이없거나 엄청나서 질릴 정도이다와 같은 부정적 성질의 의미와, 어떻다고 말할 수 없을 만큼 좋거나 정도가 높다와 같은 긍정적 성질의 의미가 공존한다)와 '귀(耳) 막히다' 등의 의미가 공재해 있고, '귀 막히다'는 뜻의 말은 짐짓 잘못 알아들은 것으로 되어 있다. 이 풍시조의 재미는 '기막히세요'라는 고리에 내재된 다채로운 뉘앙스의 삼중 겹침에 있는 것 같다. 여기에 "너나 기막히세요"라는 독백 형식의 대답에는 "너나 잘하세요"(영화 「친절한 금자씨」의 주인공이 한 말)도 연상되고, 더 지적으로 민감한 독자라면 "사또님 말씀이야 다 우습지"나 "사돈네 남의 말 한다"와 같은 속담도 연상하게 될 것이다. 또 2인칭 대명사 '너'와 높임말인 '기막히세요'는 존대법상 일치하지 않는다. 이러한 문법적 불일치도 미적·풍자적 효과에 한몫 더한다. 말하자면 독자의 지적 수준에 따라 그 웃음과 재미가 증감된다. 아마 이러한 시적 장치의 전부를 담아 뭉뚱그리기에 적합한 가장 간결한 형태가 3행시가 아닐까도 생각된다.

> F킬라를 뿌리듯 이발사가 내 머리에 스프레이를 분무한다
> 내 머리를 모기나 파리 대가리쯤으로 아는 모양이다
> 하긴 싹싹 손 비비고 남의 피나 핥았으니 그럴 법도 하지
> ― 「이발소」에서

전제가 되는 부분의 열거를 1행, 2행에 배당하고, 그 전제를 근거로 제3행에서 결론을 도출한 3단형이다. "이발사가 내 머리에 스프레이를 뿌린다(제1행), 나를 모기나 파리로 간주하는 것 같다(제2행), 아첨하고 착취했으니 이발사의 행위는 당연하다(제3행)"는 것이 이 풍조시의 뼈대다. 추린 논리소다. 그러나 이 논리 속에는 의도적 곡해(曲解)와 사회를 향한 우회적 공격이 숨어 있다. 논리 속에 숨은 이 장치의 이해가,

이 풍시조 수용의 전제가 된다.

특히, "싹싹 손 비비고 남의 피나 핥았으니"에서, 1인칭(모기나 파리의 1인칭)인 '나'의 비하(卑下)를 통해서 파리나 모기와 다를 바 없는 자신이 바로 사회의 무고한 사람들에 대한 침입자나 가해자였음을 폭로한다. 자기가 바로 풍자의 칼날에 희생되어야 할 대상이며, 자신의 비하가 공격과 비판을 위한 칼날 갈기의 전제라는 아이러니를 본다. 일종의 도회(韜晦)의 비늘이라고 할까. 새디즘과 매저키즘은 동전의 양면이라는 심리분석도 이 경우에 해당될지?.

<blockquote>
夏! 정말 덥다, 夜! 시원하다
夏夜보다 더 신나고 시원한 것 없을까
없긴 왜 없어, 下野란 말 있잖아
―「夏夜」전문
</blockquote>

「夏夜」는 문답형 중의 자문자답형이다. 독백형 자문자답이다. 두 개의 전제에서 의외의 결론을 끌어낸 3단 형태라고도 할 수 있다. 제1행의 대전제가 그 다음의 소전제와 결론인 대답을 가능하게 해준다. 어쨌든 '夏夜'라는 펀(pun)과 더불어 박진환식 풍자와 해학의 가장 돋보이는 전형적인 시다. '夏夜'에 내포된 골계미와 풍자성을 분석해 보자.

'하야'라는 시니피앙에는 1)계절로서의 夏夜, 2)'하! 야'라는 반응의 감탄사, 3)하야(下野)라는 시니피에가 겹쳐 있다. 반복하면 시니피앙의 한 덩어리 속의 세 시니피에가 꼬리를 물고 꼬여 메비우스의 띠처럼 회오리친다. 특히 '하야(夏夜:下野)'라는 말이 지닌 풍자성이 시 전체(1행, 2행, 3행)에 삼투되어 방사(放射)한다. 웃음 속에 감추어진 칼날을 보는 것 같아 섬찍하다.

4.
끝으로 풍시조 1편과 외국의 우화 1편을 비교해 볼까 한다. 대상은 둘 다 '중동(中東)'이다.

> 열사의 불 먹고 사는 탓에 제 버릇 못 버려 즐기는 불장난
> 석유까지 불을 뿜어대니 연일 불바다지
> 얼음을 먹어야 식히는데 中東엔 仲冬이 없으니
> ─「仲冬이 없으니·1」

이것은 일종의 '편'이다. 「夏夜」에 비하면 편의 구조도 퍽 단순한 편이다. 페르시아만(아라비아만)의 해변에 '개구리' 한 마리가 햇볕을 쬐고 있는데, '전갈(scorpion)'이 와서 바다 건너 저쪽 언덕까지 등에 태워 건너달라고 부탁한다('전갈은 몸속 독낭에 못 모양의 독침이 들어 있는 동물이다).

"싫어. 넌 전갈 아냐. 날 찔러 죽이려고"
"바보 같은 소리" 내가 찌르면 너도 죽지만 나도 익사하지 않는가. 잠시 생각한 끝에 개구리가 말한다.
"그렇군. 그럼 내 등에 올라타"

전갈을 등에 태운 개구리가 아라비아 바다를 건너기 시작한다. 바다 복판쯤에 왔을 때, 전갈은 갑자기 독침을 꺼내어 개구리를 찔러 버렸다.

"왜 이래?"

전갈이 대답했다. "여긴 중동(中東)이야."

유머지만, 이것은 '우화'의 형식을 취하고 있다(박진환도 '우화' 쪽으로 발전할지도 모른다). '개구리'는 아라비아만으로 관광온 유럽인인지도 모른다. 그러나 이 조크에 등장하는 '전갈'과 '개구리'의 본의(本義)가 각각 유럽과 중동 중에서 어느 쪽인가에 따라 작품 전체의 이야기가 달라지고, 공격의 대상도 반대가 된다. 그러면 박진환의 풍시조의 공격 대상은 누구인가. 중동만이라고 할 수 없다. 여기서 해학이건 풍자건 그 속에 감춘 예리한 '날의 현동화(現動化)가 실은 얼마나 어렵고 미묘한 것인가를 시사한다. 특히 「전갈과 개구리」의 경우, 그 균형(balance) 잡기의 어려움을 실감하게 된다.

나는 오늘의 한국시의 지형도를 그려본 적이 있다. 1)전통과 서정(전통적 서정시), 2)메시지와 관념(관념시, 생태시), 3)이미지와 물리성(언어 이미지시), 4)탈관념의 실험(탈관념시), 5)주지적 처리(주지시) 등이 그것이다. 한국시의 동서남북이라고도 할 수 있다. 우리 시단의 특색 있는 시의 중요한 작품들은 일단 이 지형도로 배열, 배치할 수 있다. 우리 시의 현황이다.

나는 박진환의 최근작(3행의 풍시조)을 주목하면서 '주지시'

의 장르로 보았다. 지금도 나는 이러한 자리매김을 후회하지 않는다. 김춘수는 박진환의 풍시조에 대하여 『하여지향(何如之鄕)』을 쓴 송욱의 '전철'을 밟고 있다고 했지만, 나는 송욱과 '같은 계열'이라고 보지, '전철'이라고는 생각하지 않는다. '풍자의 노끈'으로 송욱과 박진환을 칭칭 묶어 버리는 것도 가능하나, '풍자'가 있는 '주지(主知)의 토포스' 속에 자리한 박진환의 거처가 지닌 의미의 진폭을 이해할 필요가 있을 것 같다. 풍자, 해학, 펀, 아이러니, 비꼼, 조롱 등은 '주지시'의 자원이긴 하나 이것만이 전부는 아니다. 이러한 주지시는 송욱, 김현승, 김광섭 등을 거쳐 김기림(金起林)의 장시 『기상도(氣象圖)』(1936)에 이른다는 사실을 이해한다면, 주지의 여러 가지 자원이 뭣인가를 짐작할 수 있다. 『기상도』가 지닌 주지적 풍부함의 목록을 일일이 확인할 필요가 없을까.

이야기를 많이 에둘렀다. 다시 「仲冬이 없으니·1」과 「전갈과 개구리」 이야기가 지닌 한 가지 토픽도 주지(主知)가 지닌 여러 가지 목록 중의 하나다. 지성은 억제와 조절에 바탕을 둔 '균형'을 강조한다. 형이상적 존재의 인식, 그 인식이 지닌 초월성의 자기화(自己化)에 의한 시선의 확보, 그 중의 풍자적 시선이 공격 대상을 선정하는 일에 도리없이 참여하는 '균형'은 특히 중요하다. 저울대의 무게와 추가 형평을 이룰 때 '풍자'는 더욱 빛날 것이다.

■ 시집 평설을 대신해서_諷詩調에 대한 사계의 견해

知的調律에 의한 시 意味의 密度와 結晶度
― 『諷詩調』의 창간에 부쳐

성찬경(전 예술원 회원)

문예지 『풍시조(諷詩調)』가 창간되었다. 때는 2008년 초여름이고, 앞으로 계간지로 계속 발간될 것이라는 예고다.

문예지라고 했지만, 문예지치고는 매우 특수한 성격을 지니는 문예지다. 우선에 소설은 배제된 시 전문지이지만, 넓은 범위의 시 일반을 싣는 것이 아니라 '풍시조(諷詩調)'란 새로운 시적 유형과 범주에 속하는 시만을 모아서 엮는 시지이니, 이를테면 시단 안에서도 특수 전문지의 성격을 갖는다. 흔히 취미 오락 등을 다룬 잡지에 낚시니 등산이니 바둑 등을 전문으로 다루는 잡지를 보게 되는데, 『諷詩調』는 시 안에서도 독특한 장르만을 대상으로 하는 일종의 전문 시지(詩誌)인 셈이며, 우리나라 시사(詩史)와 시단의 현황이 어언 여기에까지 이르렀는가 하는 감회를 갖게 된다.

여기에서 좀 더 차분히 『諷詩調』의 출현을 지금까지 키워온 그 뿌리와 수맥을 살펴볼 필요가 있다. 말할 것도 없이 이

『諷詩調』의 근본이 되는 자양적 모태는 박진환 시인이 약 30년에 걸쳐서 전개해온 넓은 의미에서의 지성시(知性詩) 운동이다. 박진환 시인은 이러한 지성시의 구체적인 전개방법으로서 '형이상학시'의 기치(旗幟) 아래, 이른바 변용의 시를 추구해온 것은 세상이 다 아는 바다.

변용의 시도 실은 그 개념의 범주가 좁다 할 수는 없다. 더 구체적으로 말하면 시에서의 위트, 컨시트, 또는 펀과 같은 기법을 활용하여 시의 정서적 구조를 지적 구조로 바꾸고, 그럼으로써 시를 의미의 밀도에서 좀더 경질(硬質)의 것이 되게 하려는 시적 추구를 말한다. 그리고 이것은 그 시적 추구에서 17세기 영국의 '형이상학파' 시인들의 추구와 그 맥이 통한다는 사실도 우리가 알고 있는 바와 같다.

여기에서 박진환 시인의 이러한 시적 추구가 우리 시의 현실적 상황과 어떠한 관계에 있는가 하는 점을 살필 필요가 있다. 현재의 우리 시는 한 마디로 지성이라는 영양소의 결핍 증세가 심한데, 또한 그것을 자각하고 있지도 못하다는 것이 나의 솔직한 판단이다.

시에서 지성이 하는 구실은 일종의 조화 감각이라 할 수 있다. 시가 너무 한 쪽에 치우치는 것을 막아주는 감시의 역할을 하는 것이 바로 지성이다. 그래서 시에서 지적 요소가 부족하면 시가 한쪽으로 치우치는 것을 막지 못한다. 시에서 눈물이 너무 많아진다거나, 지나치게 격정에 사로잡힌다거나 정서의 내용이 너무 가냘퍼진다거나, 또는 지나치게 괴기해진다거나 하는 현상이 모두 지성적 작용의 결핍에서 오는 증후라

할 수 있다.

　문예지 『조선문학』을 중심으로 하는 한 무리의 문인들이 문학에서 지성적 구실을 강조하고, 줄기차게 우리 문단에서의 이러한 허점을 보완하고자 한 문학적 공헌에 대한 평가에서 우리는 몰인식과 소극성을 벗어나지 못하고 있는 것이 아닌가 하는 것이 역시 나의 생각이다.

　이번에 발간된 『諷詩調』는 박진환 시인이 벌여온 시운동의 더욱 정제된 결정과도 같은 것이며, 이것을 일종의 '문학적 발명'이라 해야 마땅할 것이라는 생각이 든다.

　어느 시대에 있어서나 문학의 새로운 양식은 그것이 하나의 새로운 발명임을 의미한다. 그리고 진정한 의미에서의 '발명'이라면, 얼핏 보아 아무리 하찮게 보이는 것일지라도, 거기에는 발명자의 많은 시간과 피땀과 노고가 스며있음을 잊어서는 안 된다. 시에 있어서도 마찬가지다. 시의 새로운 체질과 양식과 장르의 발명이 실은 시인들의 끊임없이 노력하고 추구하는 목표이기도 한 것이다.

　'諷詩調'의 출현 역시 결코 하루아침에 이루어진 우발적인 출현이 아님은 말할 것도 없다. 지금까지 박진환 시인이 시도해온 많은 '3행시'와 '諷詩調'가 그 싹이 되어 피어왔음은 물론이다.

　『풍시조(諷詩調)』가 갖는 새로운 체질적 특색을 간단히 살펴보겠다. '諷詩調'가 우리 고유의 전통적 시가의 형식인 '시조(時調)'와 체질적 연관성이 있음은 물론이다. 諷詩調의 구성이 3행으로 돼 있는 점이 초중종 3장으로 돼 있는 시조와 일치한다는 것에서도 이 일을 알 수 있다. 원래 시조의 초중종 3장도 시조보다 더 뿌리 깊다 할 수 있는 동양 고유의 한시(漢詩)의 기승전결에서 나온 것임을 우리는 짐작할 수 있다. 4행1련을 기본 단위로 하는 기승전결은 사실 동서고금의 모든 시적 감흥의 기본 틀이기도 하다. 다만 시조의 경우 종장에 해당하는 3장에서는 '전(轉)'과 '결(決)'이 한 행에 압축됨으로써 4행의 경우보다도 더욱 극적 효과와 시의 긴장감을 높여주고 있다.

이와 같이 諷詩調는 시조와 일맥상통하면서도 예술적 감흥을 겨냥하는 데에서는 시조(時調)와 사뭇 다르다. 곧 시조의 시의 뜻을 한자의 때시 '時'에서 글시 '詩'로 바꿔놓은 데서 그 겨냥하는 바를 짐작할 수 있다. 시조(時調)가 그 주제를 시대적 풍습에 맞추려는데 두고 있다면, 諷詩調에서는 시류(時流)를 넘어서는 작품으로서의 시적(詩的) 가치를 높이려는 의도가 숨어 있으며, 이런 점에서 '諷詩調는 이른바 순수시(純粹詩)와도 그 방향을 같이 하게 된다.

'시조(詩調)', 곧 시의 흐름에 또 '풍(諷)' 자가 결합되어 있으니, 이것은 또 어떤 의도를 품고 있는 것일까. 여기에서 '풍(諷)'자는 박진환 시인이 시지의 '창간사'에서도 밝히고 있는 바와 같이 시에 넓은 의미의 풍자성(諷刺性)을 담으려는 의도와 다를 바가 없으니, 이 풍(諷)의 개념에는 시에서 전개할 수 있는 지적 작업 일반의 여러 항목이 두루 포함돼 있으며, 위트, 아이러니, 새타이어, 시니시즘(비꼬움) 등 표현상의 역설적 기법이 종횡으로 등장하게 된다.

그리고 이러한 풍자는 그것이 일종의 지적 응징의 구실을 하게 되는 것이며 이와 같은 응징의 숨은 의도는 바른 사회, 꼴불견인 시류적인 속물(俗物)들이 사라지는 사회, 양식이 통하는 밝은 사회의 출현을 바라보는 것이니, 깊은 뜻에서는 이 풍자의 정신이 곧 인도주의적 염원과도 일치한다는 점을 간과해서는 안 될 것이다.

『諷詩調』의 보기로서, 박진환 시인이 전, 현직 대통령을 소재로 풍자한 시를 보려 한다.

> 노랗게 노랗게 노자로 시작해서
> 나리나리 개나리 리자로 끝나면 무슨 나리게
> 개나리, 노노노 무식하긴 노나리지
> ―「개나리」

> 이명박 대통령 임기 끝나 퇴임하는 날이 2012년 12월 26일
> 이날에 맞춰 돌아가는 시계가 이명박 시계란다
> 시작이 엊그젠데 퇴임 날 꼽아가며 돌아가는 시계가 있다니
> ―「이명박 퇴임시계」

편과 시니시즘과 새타이어가 2중 3중으로 얽히고 꼬인, 고도로 지적인 시적 작업임을 알 수 있다. 이보다 더 따끔한 응징적 일침이 또 있겠나.

계간지 『諷詩調』는 이제 막 창간되었기 때문도 있겠지만, 아직 동인지의 성격을 완전히 벗지 못한 느낌도 없지 않아

있다. 앞으로 이런 점도 차츰 보완이 되리라 믿어지며, 이 시지가 잘 성장하여 응분의 구실을 하게 될 것을 나는 축원의 시선으로 바라본다. 그렇다 하더라도 일관성 있는 '지성시'에의 헌신과 노고가 정당한 평가를 받게 되는 날이 우리 시사(詩史)에서 언제 찾아올 것인가.

■ 시집 평설을 대신해서_諷詩調에 대한 사계의 견해

諷詩調의 깃발과 風向
– 새로운 시 운동에 대하여

김용직(전 학술원 회원)

 극히 최근에 그 모습을 드러낸 諷詩調 운동에는 두 가지 정도의 전략이 내장되어 있는 듯 보인다. 그 하나가 독특한 형태양식 해석이며 다른 하나가 현실 상황을 향한 예각적 공격 의식이다. 명백히 현대 서정시의 서부(西部)를 개척하려는 의욕으로 시도된 이 시운동은 그러나 그 형식을 3장 6구를 원형으로 한 단형시 제작을 바탕으로 하고 있다. 3장 6구의 단형시라면 우리 머리에는 곧 한국 전통시가 양식인 시조가 떠오른다. 시조는 국민문학파에 의한 개혁운동 이후 새로운 토대를 마련하게 되었다. 이때부터 시조는 고전시가의 인습적인 면을 벗어나 새 시대의 양식이 된 것이다. 諷詩調는 시조의 이런 틀을 이용하려는 듯 보인다.
 諷詩調는 그 의식성향으로 보아 상당히 공격적이며 호전적이기까지 하다. 그 도마 위에는 정치, 경제, 사회, 문화의 문제만이 아니라 개인의 윤리, 도덕적인 사건까지가 가차 없이 올라 난도질당한다. 그런데 많은 경우 諷詩謳의 비판, 공격은 예술적 의장을 거치지 않은 가운데 이루어진다. 諷詩謳에서 풍(諷)은 수사론에서 풍자를 뜻할 것이며 고전문학의 감각을 곁들이게 되면 풍간(諷諫)과 같은 맥락에서 해석될 말이다. 풍자와 풍간에 역겨운 현실, 아니꼬운 대상을 꼬집고 공격하는 단면이 내포되어 있는 것은 사실이다. 그러나 그런 경우의 비판, 공격은 진술의 형태로 이루어지는 것이 아니라 비유의 형태를 취하는 것이 바람직하다.

풍자문학에서 직접적 언술(言述)이 아니라 간접적인 기법이 이용되는 까닭은 단순하다. 많은 경우 시인이 아니꼽게 생각하는 대상은 한 시대와 사회에서 강한 힘을 가진 개인이거나 집단과 그 부수 형태인 제도나 규범들이다. 그들을 진술의 차원에서 공격하는 경우 작품들은 즉각 압수, 폐기되고 그 제작들은 연행, 구속될 위험에 노출된다. 시와 예술이 노려야 할 것은 이런 자살 특공대식 자기표출이 아니다. 이런 감각이 생산해 낸 전략의 결과가 풍자로 해석되어야 하는 것이다.

諷詩謳가 3장 형식을 취한 것에 대해서도 이와 거의 같은 이야기가 가능하다. 諷詩謳가 3행시의 형태를 이용한 것은 3행시가 한국 전통 시가를 대표하는 것으로 판단된 결과일 것이다. 새로운 시가운동이 국민문학의 자리에 오른 양식의 특성을 이용하는 것은 슬기로운 일이다. 그러나 이 경우에도 우리는 창작활동에서 기본교의 하나를 기억하고 있어야 한다. 모든 창작활동에서 형태는 묵수될 것이 아니라 새롭게 해석, 개척되어 나가야 한다. 국민문학파의 전례가 가리키는 바와 같이 3장 6구의 시조가 갖는 큰 틀은 긍정적으로 계승될 수 있다. 그러나 그 틀 속에 새로운 시로서의 호흡과 맥박은 끊임없이 재창조되어야 한다.

우리는 모처럼 시도되는 諷詩調 운동이 한국 현대시의 높은 산맥이 되고 푸른 강줄기를 이루어나가기를 희망한다. 이런 소망이 다소간 비판적인 생각을 토로하게 된 셈이다.

■ 시집 평설을 대신해서_諷詩調에 대한 사계의 견해

박진환의 3행 '諷詩調'에 대하여

최원규(충남대 명예교수)

 최근 지속적으로 왕성하게 발표해온 박진환의 삼행시초 '諷詩調'야말로 괄목할만한 한국적 단형시다. 더구나 시대적 상황이 사회적으로 굵직한 이슈를 던져주었던 전변의 정치적 관심이 우리 모두를 끌어들이는 시기와 맞물렸기 때문이기도 하다. 이미 정권 교체에 따른 권력의 갈등에서 겪은 일이지만 대선과정에서 마지막까지 문제가 되었던 BBK 사건, FTA, 숭례문 복원, 대운하 찬반, 광우병 등으로 인한 촛불 시위 범람이 쓰나미처럼 휩쓸고 지나갔으며 아직도 그 여진이 계속되고 있다.
 이렇게 불안한 계절에 시인은 이들의 갈등과 부조리를 외면하고 추상적인 언어를 기반으로 하는 사회적 연대감에서 벗어나 강 건너 불구경만이 순수의 미덕인가. 마땅히 지식인으로 가치판단이나 문화적 선악에 동참, 선도의 언어가 필요해진 것이 너무 당연하다. 하물며 시는 시인끼리 담을 쌓고 그 속에 안주해 있는 모습에서 벗어나 시민과 동참 동행하는 시민의식이 필요하다.

이미 우리 시의 역사 속에서도 한용운, 이육사, 윤동주 그들의 평가에서 볼 수 있듯이 그들의 시에서 우리의 의지와 나라를 걱정하는 애국시가 용솟음치기도 하였다. 그런 점에서 이 시대 박진환의 諷詩調야말로 우리 시단의 중요한 뇌관을 건드린 사건이라고 판단된다.

諷詩調는 삼행이라는 점에서 시조와 같으나 구조나 형태적 특질이 시조의 틀을 벗어났을 뿐만 아니라 어귀나 비유법의 방법을 시조와 달리한다. 한편 화제가 되고 있는 시대적 상황을 직접적인 논의와 평가를 요구하며, 아이러니, 패러독스, 유머로 수용한다. 요컨대 박진환의 '諷詩調'는 업투데이트한 시대적 사회시를 전제한다. 그러므로 그의 '諷詩調'는 작중 인물들의 선행이나 악행의 전제를 제시하며 마지막 행에 이르러서는 개선이나 선과 악의 가치판단의 동참을 요구한다.

박진환의 '諷詩調'는 악과 사의 교정을 위한 화해적 개선이라는 점에서 꼬집고, 비꼬고, 깎아내리고, 비아냥하고 비판, 고발, 폭로를 시의 바탕으로 삼되 마지막 의도는 '순수한 통장'을 감행함으로써 풍자시보다는 한 차원 높은 시적 장치를 갖추고 있다는 점에 주목한다.

박진환은 엄격하거나 거창한 테마를 희극적으로 처리하거나 재미와 멸시, 분노와 냉소의 태도를 환기시킴으로써 그것을 약화시키는 기법을 사용한다. '웃음을 무기로 사용하고 작품의 외부에 존재하는 과녁을 겨냥한다. 그 과녁은 개인적인 일일 수 있고, 어떤 계층이나 제도나 국가나 인류 전체에게까지 할 수 있다라고 전제한다.

요컨대 화자가 단정하는 외견상 주장과 속으로 의도하고 있는 의미가 서로 다른 진술을 할 때 그 진술은 태도나 평가를 명백히 표현하지만 그것과 매우 다른 태도나 평가를 함축하고 있는 것을 포함하는 것이 아이러니의 기술이라고 보았을 때 박진환의 '순수한 통징'을 암시한다. 발음이 같고 흡사하지만 의미는 전혀 다른 같은 소리에 다른 의미를 갖는 말들은 때로 읽는 이에게 가치판단의 격정적인 한편으로 기울게 하기보다 그것을 유보하며 역지사지(易地思之)의 공평성을 유발시키고 화해성을 유도한다.

박진환은 시적인 재담(equivoque)도 있고 때로 언어유희(pun)도 있지만, 그것들은 읽는 이로 하여금 간담이 서늘해지는 경지까지 유발한다. 때로는 '삶 속의 죽음'이나 '쾌락의 고통', '사랑의 증오'들처럼 메타피지컬포에트(Metaphysical poets)들이 사용한 흔적에 영향되었다고 할 수 있으나 박진환의 경우 경고성의 환기에 더 치중함을 볼 수 있다.

마침내 풍(諷), 시(詩), 조(調) 각개의 문자 의미의 내부를 탐색할 때 모두 언(言) 말씀이 들어있다. 말씀[言]은 글[文]과 구별된다. 글은 논리와 절제를 요구하지만 말[言]은 흘러가는 물과 같이 지형이나 지세에 따라 형태가 변하며 응집한다. 그러므로 흐름의 방향은 같지만 물줄기는 즉흥적이며 당대의 상황에 따라 전변한다.

말씀[言]은 바람[風]과 절[寺]과 두루할 주(周)를 더하여 동서남북, 종횡무진, 당대를 섭렵한다. 그리하여 박진환의 '諷詩調'는 마침내 세상사의 이야깃거리의 중심부에서 주제할 수 있는 정세의 총화와 전환을 암시한다.

박진환의 諷詩調가 꼭 3행이어야 하는가의 문제에 대하여 신중히 생각해야 한다. 다만 어느 민족이고 그 민족의 정서적 흡인력에 의하여 자연 발생적으로 생겨난 정형적 틀이 있어 왔다. 가령 당시(唐詩)의 4언 또는 7언 절시나 영시의 4행시(quatrain), 이행연구(couplet), 14행시(sonnet) 모두 각운 구조로 결합된 강약음보격의 시행으로 되어 단일시귀(stanja)의 서정시인데 우리의 고유 문학형태의 시형(시조)들이 3장 6귀의 원칙을 고수한 것은 민족적인 고유성과 기풍(Ethos)에 의한 것이라고 믿는다. 다만 박진환의 경우 꼭 우리의 시조를 의식한 3행시는 아니지만(사실 시조와는 그 정형시로 의미구조의 잣대에 맞지 않음) 정형시로서 규율에 맞는 것이 아닌 자유시로서의 의미를 더욱 확대한다.

외형상 3행시로 처리한 것은 압축과 긴장미의 효과를 살리며 음수율에서 체험할 수 없는 탄력을 보여준다.

그리하여 3행시는 우리에게 낯익고 우리 말의 생태적 관습의 순리에 수용된다. 또한 시의 자연스런 형태의 공감이 일반화되었기에 박진환 삼행시가 우리 시단의 충격파를 더해 간다고 생각된다. 그의 3행 諷詩調의 창출은 우리 시문학사의 새로운 원형을 배가시킨 원동력이 될 것이며, 한편 시적 표현 미학에서 잡다한 외래적 수용의 난맥상을 제압하는 데 주요한 길잡이가 될 것이다.

박진환의 3행 '諷詩調'는 시조(時調)와 동자이의어(同字異義語)로 우리에게 새로운 정형성의 모델을 제시한다. 그러므로 우리 현대시가 지닌 무모한 율격이나 시적 주제의 미숙성 또는 혼미성을 극복하는 데 따른 주제시로서 확실한 언덕이 형성된 셈이다.

■ 시집 평설을 대신해서_諷詩調에 대한 사계의 견해

풍시조 읽기

문효치(전 문협 이사장)

　박진환 시인의 諷詩調를 읽었다　풍시조(諷詩調)라는 낯선 이름에 대하여 저자는 풍자시를 줄여 풍시라 하고 거기에 무슨무슨 투나 태도의 뜻으로 조(朝.調)를 붙였노라고 설명하고 있다. 그러니 諷詩調의 본질은 풍자시일 듯하다.
　우선 재미있다. 식상한 이미지들의 나열이나 아니면 거의 산문화 되어버린 요즘의 시들에 입맛을 잃었는데 이 諷詩調는 매우 신선한 재미를 느끼게 해 준다.
　세상은 부조리와 불합리와 부정 불의 등으로 가득 차 있다. 이러한 세태가 우리를 짜증나게 하고 화나게도 한다. 살맛을 잃게 한다. 정말 살맛을 잃게 하는 재미없는 제재를 박진환 시인은 재미있는 시로 만들고 있다.

　핵, 우리도 그깐거있어 평평터지는 국제특허품 不字標 핵 있어
　　불평등·불공평·부조리·부정부패·부동산 투기까지

건들면 폭발하는 순 국산 不字標 핵 있다고, 까불고 있어
— 「까불고 있어」 전문

 불평등 불공평 부조리 부정부패 부동산 투기 등 우리사회에 만연한 부정적 요소들, 이것들은 가히 우리 사회를 파괴시킬 만한 위력을 가지고 있다. 정말 심각한 문제다. 이런 사항들을 '不字標핵'으로 둘러댄 그 재치가 재미있다. 그래서 이 시를 보면 일단 웃음이 난다, 진짜 핵을 '그깐거' 라고 대수롭지 않은 존재로 봄으로써 '不字標 핵의 위험성을 한껏 고조시켜 놓았다. 내용은 매우 심각한 문제성을 가지고 있지만 표현된 말들은 우리를 재미있게 해 준다.
 '까불고 있어'라는 끝절은 상대방(진짜 핵을 가진 자)에게 눈을 흘기며 짐짓 어깨를 으쓱거리는 모습을 떠올리게 해 준다. 다소 장난기가 보이는 모습을 연상하면서 시인의 재치를 다시 한번 실감케 해 준다.
 이러한 부조리 불합리한 사태를 능란한 솜씨로 비꼬고 농락함으로써 독자들은 후련한 카타르시스를 느낀다. 내가 미처 하지 못한 앙갚음을 대신 갚아 주는 것 같기도 하고 어쩌면 내 심정을 잘 알아주는 것 같기도 하다.
 이 책은 멸시 분노 증오의 정서를, 비꼼 냉소 조소 조롱 역설 등의 언사로 가득 채워 놓았다. 그러나 궁극으로는 교정·교훈의 의지가 숨겨져 있다.

 뭐라구라우, 사람 낳고 돈 낳제 돈 낳고 사람 낳다구라우

> 허허 이 양반 순 구식이네
> 신식으론 돈 낳고 사람 낳제, 사람 낳고 돈 낳고가 아니여
> ―「뭐라구라우」 전문

 돈 낳고 사람 낳은 것은 불변의 진리이다. 그러나 신식으로는 돈 낳고 사람 낳았다고 큰소리친다. 그러나 이것은 역설이다. 화자가 진짜로 하고 싶은 말은 이른바 구식인 '사람 낳고 돈 낳다'는 말이다. 이것이 뒤집힌 세상, 전도된 가치에 대해서 일갈하고 꼬집은 것이다. 그리고 그에 대한 반성과 교정을 꿈꾸고 있는 것이다.
 삼행으로 압축한 단아한 모습의 시형에도 주목하고 싶다. 말 그대로 촌철살인의 짤막한 말이 감동을 준다. 요즈음 장황한 수다를 늘어놓는 시들이 범람하면서 이렇게 간결한 시들이 그리워진다.

> 나라님 물러나면 낙향하여 통나무집 짓고 시나 쓰며 살겠단 말
> 아무래도 허사같다. 시는 말을 아끼고 줄이는 언어경영인 것을
> 저리 말이 헤퍼서야 어찌 말의 진수에 닿을 수 있을지
> ―「아무래도 허사 같다」 전문

 듣기 좋은 수다로 대중들을 현혹하며 실천보다는 말을 앞세우는 정치인을 비꼬며 질타하고 있지만 한 편 짤막한 시론을 엿볼 수 있는 시다. 그렇다. 시는 '말을 아끼고 줄이는 언어경영'인 것이어서 '말이 헤퍼서'는 안 될 일이다.

삼행은 우리의 눈에 익숙하다. 어려서부터 시조를 읽고 배워왔기 때문이다. 물론 시조의 형식에 맞춰 음수율을 조절한 것은 아니지만 그 속에 기승전결의 구조를 가진 것들이 많은 것도 이해하기 쉬운 대목이다.

 지금이 바로 이러한 시들이 필요한 시대인 것 같다. 잡지마다 넘쳐나고 있는 산문조 요설이 시성(詩性)을 잠식하고 있고, 그리고 비꼬고 조롱하고 비난하고 질타해야 될 일들이 많은 세상일수록 그러한 세태를 지적하고 경계하며 교정해야 하기 때문이다. 시가 궁극적으로는 인간을 위하고 옹호하는 것이라면 시가 이러한 일에도 적극 관심을 가져야 할 것으로 생각한다.

■ 시집 평설을 대신해서_諷詩調에 대한 사계의 견해

諷詩調에 나타난 형이상시의 수사법

최규철(시인・문학평론가)

들어가는 말

어느 사회학자는 '농경사회의 삶이 시간 잉여(時間剩餘)의 시대였다면 오늘날과 같은 정보화 사회는 시간 기근(饑饉)의 시대라'했다. 그것은 그 정도로 오늘의 시대가 시간에 쫓기며 살아가는 고속화 시대를 맞이하고 있다는 것이다. 따라서 이러한 고속화 사회에 사는 현대인들의 문학작품에 대한 선호도도 역시 장편소설보다는 단편소설을, 장시보다는 단시를 더 선호하는 경향이 있다. 특히 시에 있어서 현대인들의 구미에 맞는 시는 짧으면서도 그 속에 다분한 내용을 함축함으로써 큰 감동을 주는 시라 하겠다. 이런 시대적 요구에 부응하는 시가 바로 박진환 시인이 착안하고 시운동을 전개하고 있는 諷詩調이다.

諷詩調의 기법은 형이상시의 레토릭(rhetoric)과 흡사한 면이 많다. 컨시트의 기발한 지적 놀라움, 서로 상반된 양극화의 결합과 그 조화, 역설과 반어(反語), 시의 순수한 통징을 통한 내적 울분의 해소와 사회 구조악(構造惡)의 개선 등이 바로 그것이다.

특히 3행시의 짧은 글 속에 함축된 내용과 그 여운을 담기 위해서는 압축적이고 생략적인 구문이 필요하다. 따라서 각 행의 전환 및 반전이 빠르게 전개되는 특색이 있다. 이것은 양극화의 긴장이 팽팽할수록 행과 행의 전환속도가 빠르고 생략과 압축의 미학이 더욱 살아난다.

필자는 그동안 지면을 통해서 3. 4회에 걸쳐 언급해온 諷詩調 시학에 대한 이론을 총괄하고 종합하여 주로 諷詩調의 형이상시적 유사성과 레토릭(rhetoric) 기법의 측면에서 접근해 보고자 한다.

1. 諷詩調의 순수한 통징

諷詩調는 일종의 풍자시의 성격을 띤 시라 하겠다. 풍자시의 사전적인 정의는 부정부패와 비리 현상과 모순 등을 다른 사물에 비유하여 폭로와 공격 일변도의 시를 말한다. 즉 풍자시라고 하는 한자가 풍자할 풍(諷) 찌를 자(刺)로 명시한 바와 같이 모든 죄악상을 어떤 사물로 빗대어 찔러 고통을 가하게 하는 일종의 보복성을 뜻하는 성격을 내포하고 있는 시가 대부분이다. 그러나 諷詩調에서 말하는 순수한 통징의 주된 목적은 諷詩調를 통해서 죄의 아픔을 느끼게 할 뿐만 아니라,

뉘우치고 돌이켜 새롭게 변화하게 하는 데 주력하는 시의 기능을 말한다. 다시 말하자면 죄의 부패성에 대해서 단순히 찌르고 고통을 가하게 하는 데 그치는 것이 아니라 메스를 가하고 수술을 함으로써 병을 낫게 하는 데 그 목적이 있음을 말한다.

그러나 여기서 주의 깊게 보아야 할 것은 수술을 가하되 고통을 없애게 하기 위해 마취제를 동시에 투여하는 방법을 취하고 있다는 사실이다. 즉 유머를 통해서 웃음을 주고 즐거움을 줌으로써 그 고언을 달게 받아들이고 소화시킬 수 있는 기능을 지녔다는 것이다. 諷詩調의 통징이야말로 우리의 뇌에서 일종의 모르핀이나 엔도르핀과 같은 호르몬을 분비하게 함으로써 무통수술을 하게 하고 오히려 미묘한 시적 희열을 주게 하는 절묘한 수술비법을 의미하고 있다. 諷詩調의 작가들은 이런 諷詩調의 순수한 통징의 특성을 숙지하고 이러한 순수한 통징의 기능을 살리는 데 노력해야 할 것이다. 諷詩調에서 이러한 순수한 통징이 살아있지 못한다면 그것은 諷詩調로서의 시적 역할을 다한 시라 볼 수가 없다. 諷詩調의 생명이 바로 여기에 있다 할 수 있기 때문이다.

참으로 諷詩調의 순수한 통징이야말로 오늘과 같은 종말론적인 징조를 토로하고 인류의 구원을 갈구하게 하는 시대적 사명의 성격을 띤 시라 하겠다. 현대사회는 갈수록 첨예한 양극화 조성으로 인한 양자구도의 대립상이 심화되고 있다. 오늘날 정치 경제 사회 문화 전반에 걸친 인류사회의 갈등과 분쟁이 바로 이런 극단적인 양극화 현상에서 오는 결과라 하겠다. 그렇다면 현대시가 어느 때까지 이를 외면하고 오히려 음풍농월(吟風弄月)만을 일삼아야 하겠는가. 시가 인생문제로 깊이 들어가서 이런 양극화 문제를 해소하고 하나로 융합하는 화해와 일치의 시학으로 발전해가야 할 것이 아닌가. 그러한 의미에서 諷詩調 운동의 필연성이 강조된다.

더욱이 환경오염으로 인한 생태계의 훼손과 대기오염으로 인한 오존층의 파괴, 그리고 지구 온난화에서 발생하는 엘니뇨현상 등으로 인류의 생존 문제에 심각한 적신호가 켜있다. 이런 각박한 상황에서 탈출하기 위한 녹색시학 운동의 전면에 諷詩調가 자리하고 있음을 알 수 있다.

시인은 예언자적인 예리한 눈을 자지고 미래사회의 변화를 직시하면서 오늘의 잘못된 과오를 지적 감동을 통해서 깨닫게 하는 순수한 통징에 무한한 관심을 쏟아야 한다.

> 세상이 왜 이러나 유행병처럼 자살·자살·자살
> 마음 한 번 고쳐먹으면 살자·살자·살자가 되는데
> 뭐 그리 좋은 거라고 일편단심 자살이람
> ― 박진환의「뭐 그리 좋은 거라고」

한국인의 자살률이 OECD 30개 회원국 가운데 1위를 기록하는 불명예를 안고 있다. 연예계의 인기 스타들과 대기업의 총수들이 잇따라 자살을 하고 심지어 전직 대통령까지도 스스로 목숨을 끊음으로써 사회적 충격이 크다.

박진환 시인의 諷詩調「뭐 그리 좋은 거라고」는 1행의 자살·자살·자살이라고 하는 부정적인 죽음의 개념과, 2행의 '살자·살자·살자'라고 하는 긍정적인 생명의 개념을 양극구도로 서로 거꾸로 뒤집어 대치해 놓음으로써 기발한 위트와 유머를 돋보이게 한다. 이러한 諷詩調의 기능이야말로 격한 자살충동을 완화시켜 줄 뿐 아니라 생에 대한 강력한 의욕까지도 유발하게 하는 시적 감동을 가능케 한다. 여기서 諷詩調의 풍자 속에 담고 있는 간절한 회심의 바람이 '마음 한번 고쳐먹으면'이란 말로 표현되고 있다. 이것이 바로 諷詩調가 지닌 순수한 통징의 힘이다.

> 피를 빨아 먹는 모기 잡는데 의견이 분분하다
> 정치가 어떻고 법이 어떻고 대통령이 어떻고
> 입으로 모기 잡나? F킬라를 뿌려야지
> — 박진환의「입으로 모기 잡나」

 이 시는 그 제목부터가 웃음을 터뜨리게 하는 유머가 있어 마음을 끈다. 이 시 속에 감추어 있는 암시성과 시사성(示唆性)이 모기와 F킬라라고 하는 기발한 메타포를 통해서 큰 감동을 준다. 정계와 법조계의 부패상을 바로잡는, 즉 '피를 빨아 먹는 모기를 잡는데'에는 입으로 하는 설왕설래(說往說來)로써는 근절될 수 없다는 것이다. 특히 수사법 중에서 변화법의 하나인 '입으로 모기잡나?'라고 하는 설의법으로써 F킬라라고 하는 정답을 독자에게 물어 찾아내게 하는 레토릭으로써 스스로 개혁의지를 촉발하게 하는 순수한 통징이 돋보인다. 찌르고 자르고 쪼게는 메스질이 가해짐에도 불구하고 뇌에서 분비되는 모르핀을 통해서 즐거운 마음으로 웃고 수긍이 가능케 하는 회심과 변혁의 비법이 있다.

2. 諷詩調가 갖는 컨시트의 특색

형이상시의 컨시트(奇想, conceit)는 형이상시의 특징 중에서 가장 중요한 특징의 하나라 할 수 있다. 외견상 전혀 유사성이 없거나 상반되고 양극화된 사물이나 상황들을 재치 있고 기발한 방법으로 결합하여 소위 사무엘 존슨(Samuel Johnson)이 언급한 '부조화의 조화'를 이루게 하는 비유적인 수사법을 말한다.

그러나 諷詩調에서 보여주는 컨시트의 특색은 형이상시에서 말하는 그것과는 사뭇 다른 양태의 컨시트를 볼 수 있다. 3행시 구문의 생략적인 특성 때문에 행과 행, 낱말과 낱말, 심지어는 문자와 문자로부터 서로 상반된 사물이나 개념의 명칭과 발음 등을 찾아내고 거기서 특별한 의미성을 유추하여 또 다른 의미를 창출해내는 언어유희적인 기발한 컨시트를 선보이고 있다. 이런 관점에서 볼 때 諷詩調의 컨시트는 단순히 두 가지 사물이나 개념을 교묘하게 결합하여 뜻밖의 유사성을 찾는 기존의 형이상시의 컨시트와는 다른 특성을 지니고 있다고 하겠다.

> 대통령 국정평가 잘했다가 44.2% , 못했다가 41.1%
> 막상막하, 정치란 게 그래
> 上 뒤집으면 下 되고, 下 뒤집으면 上 되거든
> ― 박진환의 「物神時代 · 216」

국민이면 누구나 알게 모르게 다 정치에 젖어 살면서 나름대로의 정치철학, 내지 생활철학을 가지고 있다. 그래서 3행에서 '정치린게 그래'라 토로한다. 이런 지적 깨달음을 풍자적으로 소화시켜 표현하기란 그리 쉬운 일은 아니다. 이런 이유 때문에 민감한 사안을 받아들여 유머로 웃어넘길 수 있고, 감동 받아 깨달음을 갖게 하는 諷詩調의 기법에 주목할 수밖에 없다. 그래서 諷詩調가 지적이며 문화적인 통징을 가져오게 하는 첩경이라 여겨진다.

이 시에서 놀라운 기지의 발산은 2~3행에 있다.'막상막하, 정치란게 그래 / 上 뒤집으면 下 되고, 下 뒤집으면 上 되거든'에서 '막상막하(莫上莫下)'의 上과 下의 문자를 세웠다 뒤집었다 하면서 요동치는 정치판의 불안정성을 꼬집는, 재기(才氣)가 번뜩이는 컨시트를 선보이고 있다. 여기서 다만 上·下라고 하는 양극성의 문자를 가지고 세웠다 뒤집었다 하면서 엉뚱하게 결합한 결론이 「정치란게 그래」로 귀결한다. 이렇게 諷詩調의 컨시트는 동떨어진 개념이나 이미지를 결합하는 데 그치는 것이 아니라, 서로 상반된 단순한 두 개의 문자로써 새로운 제3의 개념을 형성하게 한다. 이런 관점에서

諷詩調의 컨시트는 보다 다양하고 발전된 성격의 것이라 볼 수 있다.

> 박지성·박주영의 꼴은 오 코리아
> OECD국 중 환경평가 맨 꼴찌의 꼴은 어이쿠 코리아
> 둘 다 꼴은 꼴이다마는 뒤에 꼴은 노꼴만도 못해서
> ― 박진환의 「物神時代·191」

지금 지구촌은 환경오염으로 인해서 점차로 죽어가고 있는 실정인데 우리나라가 OECD국 중에서 환경평가 최하위라 한다. 이 시에서는 이런 실정을 풍자적으로 꼬집고 있는데, 1~2행에서는 축구의 '꼴인'과 환경평가의 '꼴찌'란 서로 유사성이 없는 언어들을 관련 지워 '오 코리아'와 '아이쿠 코리아'라는 서로 반대되는 개념의 언어로 대비시켰고, 3행에서는 꼴찌의 '꼴'을 '노꼴'이라는 상충·상반되는 개념과 연관시킴으로써 '둘다 꼴은 꼴이다마는 뒷엣 꼴은 노꼴만도 못해서'라는 순발력 있는 기지(wit)를 보여준다. 동시에 더 나가서는 축구의 '꼴'과 환경평가 꼴찌라는 '꼴'의 두 글자들을 교모하게 결합한 諷詩調의 컨시트의 진수를 보여주고 있다.

3. 諷詩調의 양극화 기법

또 한 가지 諷詩調에서 가장 두드러지게 나타나는 특징 중의 하나가 양극화 현상이다. 그러기 때문에 諷詩調의 컨시트

는 동떨어지고 상반된 가장 먼 거리의 양극성을 폭력적으로 결합하는 과정이나 패러독스와 아이러니의 양면성에서 오는 강한 텐션이 諷詩調로 하여금 그만큼 응축된 의미의 비유가 되게 한다.

> 걸핏하면 여·야 율사들 발목잡느니, 발목잡히느니 해쌌는디
> 뿌리치고 혼자만 가려고 하니 그러지, 동행해봐, 왜 발목잡나
> 잡혀 부러지면 목발신세 못면해, 발목 거꾸로 해봐 목발이지
> — 박진환의 「발목 거꾸로 하면 목발이지」의 전문

분쟁과 불화의 결과가 발목이 목발로 바뀌는 기발한 발상, 곧 생명체를 비생명체로 둔갑시키는 대담한 컨시트의 수사법이 놀라움을 준다. 그 외에도 여·야 율사들, 발목잡느니 발목잡히느니, 발목과 목발 등의 양극화가 이 諷詩調 전면에서 팽팽한 긴장을 조성시켜주고 있다, 거기다가 본래 여·야가 대치하는 정치구도, 그것만으로도 양극의 역학관계를 유지하는 긴장상태인데 여기에 분쟁과 충돌이 생기면 발목이 목발이 되는 더욱더 팽팽한 긴장관계를 촉발한다. 그래서 이 諷詩調는 웃기면서도 여·야 정치적 협력관계를 잘 유지해야만 나라가 산다는 통징적인 메시지도 담고 있는 시이다.

> 악법·약법, 청문회, FTA로 여·야 붙어도 한판 크게 붙겠다
> 탓하지 말 것이 싸워야 국회답지 잠잠하면 그게 더 두려워
> 마찬가지야, 아이들도 싸움질하면서 크지 않던가

— 박진환의 「아이들도 싸우면서 커」

 이 諷詩調는 빈번히 일어나는 국회의원들의 성숙하지 못한 의결과정에서의 난투극을 한 마디로 꼬집은 시이다. 아이들이 싸우면서 커가듯이 국회의원들도 싸우면서 커가야만 하는가 하는 시인의 통탄이 곁들어있는 시이다. 가장 성숙해야 할 국회의원들과 가장 성숙하지 못한 나이인 어린이들의 양극현상을 동류부류로 간주하여 이질성 속의 유사성을 찾는 시인의 기지가 번쩍인다. 여기에는 양극간의 이질성이 유사성으로 바뀌는 과정에서 서로 잡아당기는 강력한 텐션도 드러나 있다. 「싸워야 국회답지」에서는 국회가 싸움판이 되어서야 되겠는가 하는 아이러니의 성격을 띤 레토릭도 있고 국회가 변화되기를 촉구하고 갈망하는 통징도 들어있다.

4. 諷詩調의 구조와 그 전환속도

 형이상시에서와 마찬가지로 諷詩調에서도 생략된 구문을 씀으로써 의미의 탄력과 밀도를 더하게 하고, 또한 집약적 표현으로써 시의 단축을 꾀하는 기법을 강조한다. 그 결과 시 전개과정에서 그 전환 속도가 빨라지기 마련이다. 그래서 시의 구조가 3행시로 되어 있고 따라서 행의 길이가 짧으면 짧을수록 생략적 효과가 살아나서 함축성이 있는 시가 된다.

 諷詩調는 평시조(平時調)와 같은 초장 중장 종장의 3행 형식의 구조이면서도 3장 6구 12음보의 정형시에 매이지 않은 자유시요, 동시에 평시조보다 더 빠르고 생동감이 있는 기승전결(起承轉結)의 전개가 있다. 따라서 諷詩調의 함축성과 텐션을 살리기 위해서는 될 수 있는 대로 행의 자수(字數)를 줄이고 생략하는 것이 좋다.

>침묵이 金이라고? 순 구식
>요즘 세상에선 말 잘해야 출세해
>신식으론 침묵은 禁이야
>— 박진환의 「침묵은 禁이야」

1행의 金이 3행에서는 禁으로 바뀐다. 1행에서 침묵은 金이란 말은 구식이요, 3행에서는 침묵이 禁이란 말로 바뀐 것이 신식이라는 것이다. '요즘 세상에선 말 잘해야 출세해'라는 새로운 진리(?)를 발견하고 시대와 더불어 급속히 변하는 처세술의 격세지감을 실토한 시라 하겠다. 또 이 시 속에는 침묵이 금(金)이었던 옛 시대가 참이요 말을 잘해야 출세한다는 현 시대가 잘못된 것이라는 시사성(示唆性)이 들어 있다. 諷詩調가 그 짧은 시로써 현시대의 많은 모순과 부조리를 다 압축하여 표현할 수 있는 것은 오로지 3행시 속에 짧은 행으로 모든 것을 소화시킬 수 있는 수용성(受容性)과 빠른 전환기능을 지탱할 수 있는 메커니즘에서 온 것이다.

>銅臭에 코피터진 놈이

> 銅醉로 게워내는 주정
>
> 뭘 쳐다봐, 너나 나나 다를 것이 없는데
>
> ― 박진환의 「物神時代・68」

이 시는 銅臭와 銅醉를 병치하고 3행에서 '뭘 쳐다봐, 너나 나나 다를 것이 없는데'로 동류화((同類)化)시킨 해학적인 기법이 눈을 끈다. 銅臭란 말의 뜻은 돈으로 출세를 하려고 하거나 모든 것을 해결해 보려고 하는 물신주의자들을 낮잡아 하는 말인데 오늘날은 술로써 출세를 하려고 하거나 모든 문제를 해결하려고 하는 銅醉도 많다는 것이다. 銅臭와 銅醉의 내용이 담고 있는 절묘한 조화가 압축되어 이 짧은 諷詩調 한 편을 창구로 하여 오늘의 모든 시대상을 한 눈으로 볼 수 있다.

그러나 풍조시에서 행의 자수를 줄이고 표현의 생략적인 효과를 극대화하려는 경제적인 언어구사는 아무나 할 수 있는 것이 아니다. 허다한 諷詩調에서 발견할 수 있는 것은 행이 짧으면 그 표현과 의미성도 부실한 경우가 많다는 것이다. 따라서 諷詩調는 자수(字數)를 최소화하면서도 그 함축성을 최대화할 수 있는 기법이야말로 바로 諷詩調의 완성도를 높이는 첩경임을 알게 된다.

맺는 말

이상과 같이 諷詩調에서 보이는 수사법상의 기법이 형이상시의 그것과 유사한 점이 많다는 것을 알 수 있다. 그러나 그 구조적인 측면에서 볼 때 형이상시보다는 시가 짧고 컨시트도 형이상시보다는 언어유희의 측면에서 독특하고 문자유희의 면에서도 독보적인 경지를 보이고 있는 시라는 것이다. 諷詩調의 대부분이 명확한 양극화 구조로 되어 있고 상반되고 동떨어진 개념이나 사물을 결합하여 부조화의 조화를 이루고 있다. 또한 3행시의 짧은 시로서 생략적이고 압축적인 기법을 통해서 고도의 밀도감을 조성하기 위해 언어와 언어, 행과 행을 교합하여 전개되는 전환속도가 유달리 빠른 것도 그 특징 중의 하나라 하겠다. 이런 시의 특징 때문에 앞으로 諷詩調가 우리나라 문학의 한 장르를 이루고 발전하여 보다 큰 문학성을 발휘하는 날을 기대하여 마지않는다.

조선문학사시인선 943

諷詩調詩集 · 449

통치통초초 · 5

2024년 10월 20일 인쇄
2024년 10월 30일 발행

지은이 / 박진환
발행인 / 박진환
펴낸곳 / 조선문학사
등록번호 / 1-2733
주소 / 03730 서울 서대문구 통일로 389(홍제동)
전화 / 02-730-2255
팩스 / 02-723-9373
E-mail / chosunmh2@daum.net

ISBN 979-11-6354-315-2

정가 10,000원

※ 인지는 저자와 합의 하에 생략
※ 잘못된 책은 서점에서 교환해 드립니다.